Evelyn Rheingold

Gedichte sind

leise Worte im Wind

Inhaltsverzeichnis

Weihnachtszeit

Anhang

Gedichte sind

leise Worte im Wind

Vorspann

Die Autorin

Evelyn Rheingold wurde in den sechziger Jahren am Rhein geboren und fiel schon in jungen Jahren durch ihre phantasievollen Geschichten und bemerkenswerten Gedichte auf. Sie absolvierte das Studium der Rechtswissenschaft und arbeitete über zehn Jahre in einem der weltgrößten Wirtschaftsunternehmen. Die Autorin lebt mit ihrem Ehemann und ihren zwei Töchtern in Süddeutschland.

Impressum

Bibliografische Information der Deutschen Nationalbibliothek: Detaillierte bibliografische Daten sind im Internet über www.dnb.de abrufbar.

Autorin: **Evelyn Rheingold**

Cover: Eigenes Bild im Wald

   Dateistand: 20.06.2020

www.evelyn-rheingold.de

Herstellung und Verlag:

BoD – Books on Demand, Norderstedt

www.bod.de

ISBN 9 783751 953986

Evelyn Rheingold

Gedichte sind
leise Worte im Wind

Nie zu spät!

Als junger Mensch stehst du vor deinem Leben,
denkst nicht viel nach, lässt die anderen reden.
Beachtest nicht so manchen Rat,
schreitest ohne Zögern gleich zur Tat.
Ob dieses Handeln gut war oder schlecht,
zeigt dann die Zukunft, vermutest du mit Recht!

Durch deine Welt gehst du im schnellen Schritt
und was dir zufällt, nimmst du auf deinem Wege mit.
Doch was auf Anhieb dir nicht gleich gelingt,
ist vermutlich wertlos; nichts, was dir was bringt.
Und so läufst du unbekümmert und auch sorgenfrei,
denn manches, was du siehst, ist dir dennoch einerlei!

Doch sei gewiss, bald kommen auch die Tage
und da stellst du dir dann die Frage:

Ob du – außer dir – auch anderen manches konntest gegeben?
Und, was du erreicht hast in deinem Leben?
Ob du, mehr als andere, bereit warst was zu tun
und nicht nur deine Hände ließest im Schoße ruh'n?
Ob du die Schwierigkeiten auch erkanntest
und vor diesen nicht den Blick abwandtest?

Warst du, ohne wenn und aber, schnell entschlossen
zu bleiben, zu hören und zu helfen unverdrossen?
Hast du mit viel Liebe Trost gespendet
und Ängste und Sorgen von anderen abgewendet?
Brachtest du mit großem Lob und Zuversicht
in zweifelnde Gedanken Selbstvertrauen und helles Licht?

Du denkst nun nach über alle diese Fragen,
doch kannst du nicht immer „Ja" zu ihnen sagen.

Und dann begreifst du – nach all den Jahren,
dass kaum noch Zeit bleibt, irgendwas zu vertagen.
Du solltest nachholen, was du eins versäumtest,
solltest die Wahrheit sagen, die du damals leugnetest.
Du solltest bleiben, wo du einst fortgegangen,
solltest beenden, was du unvollendet angefangen.

Und vergiss nicht zusagen, dass du jemanden liebst,
und dass du auch Unrecht dem anderen vergibst.
Gesteh' auch eigene Fehler und Schwächen dir ein.
Es gibt keinen, der ganz ohne Schuld ist und rein!
Denn weil die Welt sich immer weiter dreht,
ist es im Leben hierfür **nie zu spät!**

Fremd

Am Straßenrand, mir gegenüber,
stehst du und schaust herüber.
Unsere Blicke treffen sich
und ich fühle, ich kenn' dich nicht.

Schwarz ist dein Haar und dunkel die Haut,
nichts an dir ist mir vertraut.
Trägst am Leib dein einzig' Hemd,
deine Herkunft ist mir völlig fremd.

Statt des Kreuzes trägst du den Mond,
deine Glaube ist mir ungewohnt.
Deine Worte sind mir nicht bekannt,
du kommst aus einem fernen Land.

Viel Hass und Leid hast du erfahren,
bist in Angst geflüchtet, mit Scharen.
Hast steinige Wege und Wasser überwunden,
deine Seele ist sehr geschunden.

Und mit Sorge stell' ich dir nun die Frage:
Bist du tatsächlich noch in der Lage
hier und jetzt zu vergessen, zu vergeben,
denen, die vernichteten dein Leben?

Willst du den unendlichen Zorn besiegen,
mit dem sich die Menschen bekriegen?
Willst du die Wut und das Hassen
in deinem zerstörten Land zurücklassen?

Willst du mit viel Mut und ganzer Kraft
vollenden, was dein und mein Gott erschaffen hat?
Und willst du mit mir in die Zukunft sehen
und, wie ich, in Ruhe und Frieden leben?

Dann trennen uns weder Wege noch Wände
und ich reiche dir meine beiden Hände.
Ich zieh' dich herüber vom anderen Straßenrand,
denn unsere Herzen und Gedanken sind verwandt.

Ich werde dir zur Seite stehen
und mit dir dieselben Wege gehen.
Und wer uns sieht, der weiß und erkennt,
wir beide sind uns nicht mehr fremd!

Die Wahrheit

Seit den jüngst vergangenen Tagen
stellt sich die Menschheit viele Fragen.
Es wird um jedes Thema diskutiert
und mit vielen Worten formuliert,
was so mancher denkt und glaubt,
was ihn sorgt – den Schlaf gar raubt!

Das Problem ist oft bekannt,
wird von beiden Seiten auch benannt.
Nur die Lösung scheint nicht leicht,
keine Ansicht der anderen Meinung weicht.
Und so streitet man hin und her,
merkt nicht: Das Problem wird immer mehr!

Begriffe werden in den Raum gestellt,
doch gerade hierdurch deren Sinn verfehlt.
Und gern bezeichnet sich ein jeder heut'
als christlich, hilfsbereit und Menschenfreund.
Jeder zeigt sich gerne schnell human
- rückt dadurch auch neue Sorge auf den Plan!

Beiseite schiebt man alle Fakten achtlos,
und verschließt sich der Wahrheit furchtlos.
Doch was ist die Wahrheit, was ist gerecht?
Was ist sinnvoll, was ist schlecht?
Die Antwort ist meist problematisch,
fast ein wenig mathematisch!

Denn zwei sogenannte „Unbekannte" kommen jetzt dazu:
Die „Möglichkeit" und „der alten Weisheit erfahrene Ruh"!
Der Lösungsweg ist bald schnell gefunden;
Hilfsbereitschaft ist ans Christentum gebunden.
Doch deren Grenzen setzt die „Möglichkeit",
sie bestimmt die humanitäre Wirklichkeit!

Zählt man dieser nun hinzu
„der alten Weisheit erfahrene Ruh"',
so erhält man Gewissheit und auch die Klarheit,
und im Ergebnis steht nun die ganze Wahrheit:
Auch ein Menschenfreund kann nur soviel Hilfe geben,
dass am Ende beide Seiten gut und sorglos leben!

Grenzen

Du kannst sagen, was du willst,
solange es die Wahrheit ist.
Du kannst sagen, was du denkst,
solange du damit keinen kränkst.

Du kannst sagen, was du fühlst,
solange du damit keinen betrübst.
Du kannst sagen, was du anderen rätst,
solange du andere Wege offenlässt.

Du kannst sagen, was dich stört,
solange du Kritik anderer auch anhörst.
Du kannst scherzen, wie du magst,
solange du keine Herabsetzung wagst.

Du kannst deine Meinung deutlich bringen,
doch solltest du nicht deinen Willen aufzwingen.
Du kannst der Welt alles unterbreiten,
nur Grenzen solltest du nicht überschreiten.

Vanitas – Die Vergänglichkeit der Welt

Wenn der Himmel von schwarzen Wolken verhangen,
alle Menschen vor der Zukunft bangen,
das Land verwüstet und leer
und kein Gottesglaube hilft euch mehr.
Wenn Kriege und wiederkehrende Pest
entvölkerte Dörfer und Städte hinterlässt,
und tobende Brände Häuser und Höfe vernichten,
fremde Söldner plündernd und mordend ihr Werk verrichten.
Wenn das Unrecht die Herrschaft ergreift
und die Sinnlosigkeit alle Bemühungen streift.
Wenn der Tod die Versöhnung erpresst
und was eben noch blühte im Morast verwest,
dann steigt hinab die tausend Stufen
zu den teuflischen Stimmen, die euch aus der Tiefe rufen.
Und werdet euch im Klaren,
dass nichts euch vor dem Tod kann bewahren!
Selbst alles, was neu entsteht,
alsbald auch wieder zu Grunde geht!

Und wenn ihr dann die eigene Nichtigkeit erkennt,
dass ihr euch in Eitelkeit verrennt.
Wenn euch die Vergänglichkeit der Welt erschreckt
und ihr euren Misserfolg entdeckt,
dann wird das Schicksal euch beim Namen rufen
und ihr steigt hinauf die tausend Stufen.
Zurück zu irdischem Leben,
genießt den Moment, den die Zeit euch gegeben!
Erfreut euch des kurzen Glücks und der Zufriedenheit,
im Bewusstsein deren Wechselhaftigkeit.
Denn jedermanns Sanduhr fließt ohne Unterlass.
Das ist das Leben, das ist Vanitas!

Unerwartet und unvergessen

Unerwartet bist du zu uns gekommen
und sofort hat mit dir das Unheil begonnen.
Gewütet hast du in Land für Land,
fielst über uns her wie ein Flächenbrand.

Nichts ist seither wie es einst war,
verheerend bist du wie eine Parasitenschar.
Hast Angst und Schrecken über uns gebracht
und uns allen nach dem Leben getracht'.

Du nimmst uns die Freiheit und stürzt uns in Not,
du entscheidest über Armut, Leben und Tod.
Unberechenbar scheinst du und stark,
erschütterst die Welt bis ins innerste Mark.

Zwingst uns in die Knie und nimmst uns die Atemluft,
doch wisse eines: Auch du gehst mit uns in die Gruft!
Wir aber werden aufstehen, kämpfen und beginnen,
dich an deiner Ausbreitung maßgeblich zu hindern.

Wir werden unsere ganze Kraft aufwenden
und du wirst sehen, deine Zeit wird bald enden.
Vorbei sein wird die Plage deiner Viren,
in dieser Form wirst du hier nicht mehr existieren.

Und dann? Steht die Menschheit auf und schweigt,
weil in manchem Blick sich noch Unsicherheit zeigt.
Doch kehrt die Kraft zurück und auch das Lachen,
und wo das Leben still stand werden wir weitermachen.

Aber niemals wieder so wild und frei wie zuvor,
denn Vergangenes öffnete auch der Einsicht 'Tür und Tor'!
Was bleibt ist die sichere Erkenntnis,
dass nur Rücksicht und gegenseitiges Verständnis
uns mit Bedacht und Klugheit überleben lässt,
weil von uns niemand die vergangenen Tage vergisst!

Am Rad der Zeit

Die Tage vergeh'n,
die Zeit verrinnt
und irgendwo etwas beginnt,
um das sich deine Gedanken dreh'n.

Die Zeit verrinnt,
die Stunden vergeh'n
und langsam musst du versteh'n,
dass ein Gefühl an Stärke gewinnt.

Jetzt sollte keine Sekunde vergeh'n,
keine Zeit darf mehr verrinnen.
Du musst den richtigen Weg finden
und zu deiner Entscheidung steh'n.

Und dann wirst du seh'n, die Tage vergeh'n
und die Zeit verrinnt auch weiter.
Doch mittlerweile bist du gescheiter:
Am Rad der Zeit lässt du nicht andere dreh'n!

Die Zuversicht

Gestern, das sind Erfahrungen,
die jeder im Leben mal macht.
Nicht immer ist alles gelungen,
nicht jedes Ziel wurde geschafft.

Gestern erwuchs aus Niederlagen
der starke, ungebrochene Wille
fremde Wege mit neuem Mut zu wagen;
Erfolge genießt man dann in Stille.

Gestern, das sind Erinnerungen,
die jedermann im Herzen hält,
Gefühle, die bunte Bilder bringen,
verbunden mit Freude in unsere Welt.

Heute, das ist der Blick nach vorne.
Aus Vergangenem ist man klug geworden.
Man läuft nicht durch alle offenen Tore;
nur aus Überlegung wird Strategie geboren.

Heute, das ist die Tür der Zukunft,
da erscheint uns vieles nicht erreichbar.
Doch mit etwas sensibler Vernunft
werden auch ferne Ziele greifbar.

Heute, das ist unser Leben,
das ist der Himmel und die Erde.
Und was man nimmt, muss man auch geben,
damit wieder Neues entstehe und werde.

Morgen, das ist nicht nur das Ungewisse,
das ist der Erfahrung Spiegelbild.
Manches erreicht man durch Kompromisse,
manches ist nur anfangs unbeugsam und wild.

Morgen, das ist nicht nur das Fremde.
Das ist auch noch bestehende Tradition,
denn das Gestern war nicht wertlose Schande,
sondern der Grundstein jeder Fiktion.

Morgen, das wird bald auch das Heute sein,
in das wir mit Durchblick und Erfahrung gehen.
Kein Hindernis, kein noch so großer Stein
soll und wird uns diese Zuversicht nehmen!

Die dritte Jahreszeit

Welch ein Sturm ist das da draußen,
dessen Böen um die Mauern sausen.
Fährt mit Kraft ins bunte Laub,
wirbelt Blätter auf und Wegesstaub.

Regen peitscht er durch die Straßen
und die Spatzen, die dort eben saßen,
retten sich in Angst und Hetze
in des nächsten Baumes Äste.

Wie ein dunkelgraues Band
schweben dicke Wolken übers Land.
Und ein würz'ger Blätterduft
zieht durch feuchte Nebelluft.

Hinter Fenstern leuchtet Kerzenschein,
denn ein jeder ist jetzt gern daheim.
Und man kocht sich den Kaffee,
mancher auch 'nen heißen Tee.

Genießt man dann die warme Stube
zu dieser trüben Wetterstunde,
im Sessel mit Bequemlichkeit,
ist es so schön zur dritten Jahreszeit!

Ein Regentag im Herbst

Schau' ich heute aus dem Fenster,
zeigt der Himmel sich sehr finster.
Dichte Wolken, grau und schwer
treibt der Wind so vor sich her.

Regen prasselt auf die Erde
und im Lichte der Laterne
glitzern Tropfen hell am Glas,
Pfützen sind auf Wies' und Straß'.

Wenn die Blätter niederschweben,
solle es viele Leute geben,
in Gedanken trüb und traurig,
finden sie den Tag gar schaurig.

Diese Laune teil' ich nicht,
denn im warmen Kerzenlicht
schmeckt der Tee doch einfach gut
und gibt neuen Lebensmut.

Ist der Regen dann vorbei
und die Luft so frisch und frei,
spaziere ich durch Wald und Flur
- mach' 'ne schöne Wandertour!

Allein

Warum warst du so fern von mir?
Warum traf ich dich heut' erst hier?
Warum lässt das Schicksal keine Ruh'?
Warum lässt der Zufall es zu?

Dass du schon längst gebunden bist?
Dass du niemals frei für mich wirst?
Dass mein Gefühl sich zu dir wendet?
Dass nur der Verstand weiß, wie es endet!?

Darf ich nicht glücklich sein im Leben?
Darf ich dir gar nichts geben?
Darf ich es niemals wagen,
Dir irgendwann drei Worte zu sagen?

Ich weiß, es kann und darf nicht sein.
Mit meinem Gefühl bleib ich allein!

Nur geliehen

Vieles könnte ich dir geben,
erwarte nichts von dir zu nehmen.

Doch wenn du dennoch mir was gibst,
sieh' zu, dass du zurück nichts nimmst.

Weil ich aber weiß, dass du's nur leihen wirst,
ist es besser, wenn du gar nichts gibst.

Tagesträume

Träume ich am Tag von dir,
entstehen tausend Bilder in mir.
Vor mir seh' ich einen Mann,
dem ich nicht widerstehen kann.

Dein zärtlich charmantes Lachen
lässt eine Sehnsucht in mir erwachen.
Und suchen deine Augen die meinen,
lassen zwei Herzen sich vereinen.

So wie das Schicksal es dann will,
haben zwei Gedanken das gleiche Ziel.
Alles – alles würde ich dafür geben,
könnte ich mit dir zusammen leben!

Du !

Regungslos stehe ich in Zeit und Raum,
Als wäre alles nur ein einziger Traum.
Licht will die Dunkelheit durchdringen,
Fantasie lässt eine Melodie erklingen.

Jedesmal, wenn Gedanken allein mit mir sind,
Offen und frei eine Sehnsucht beginnt.
Aus dem Inneren eine Wärme entbrennt,
Chancenlos die Vernunft den Grund nicht erkennt.
Hat doch hier die Empfindung erfahren,
In sanfter Zuneigung die Gefühle kamen,
Mein Herz wiederholt nur deinen Namen!

Nur ein Wort!

Ich weiß nicht, was du fühlst,
und ich weiß nicht, was du denkst.
Ich weiß nicht, wie oft du dein Herz verschenkst.

Aber ich hoffe, dass du mich verstehst,
und ich hoffe, dass du mich vermisst,
und dass du mich niemals vergisst.

Es gibt viele Menschen im Leben.
Viele, die alles für dich geben,
viele, die Zweisamkeit mit mir anstreben.

Dennoch, ich denke an dich.
Und ich hoffe, du auch an mich.
Und ich frage mich, ob du weißt,
was der Inhalt des einen Wortes heißt.

Der Hochzeitstag

Heut', an unserem Hochzeitstag,
hast du dein Herz und dein Gefühl gefragt.
Hast mir deine Antwort hier gegeben
und ich hoffe, und ich glaube für ein ganzes Leben.

Auch ich hab' heute „Ja" zu dir gesagt
und den Weg in die Zukunft mit dir gewagt.
Darum lass festhalten, was immer „Unseres" war:
Das Verständnis, die Liebe und unser „Ja"!

Muttertag

Du hast mir das Licht der Welt geschenkt
und in deinen Armen mich getragen.
Hast meine ersten Schritte gelenkt;
mit dir konnte ich alle Sprünge wagen.

Hast mir gezeigt, wie man zu den Sternen schaut,
wie man sich Wege sucht und diese dann geht.
Wie man Gefahren erkennt und wem man vertraut;
und wie man erfolgreich und fest im Leben steht.

Und wurde es schwierig, kam Hilfe von dir,
und kamen die Verzweifel, gabst du Mut und Kraft.
Und heute, Mama, danke ich dir dafür,
was ich - nur durch dich - hab' geschafft!

Vatertag

Für die Zeit, die du mir schenktest,
für deinen Rat, mit dem du vieles lenktest,
für jeden Beistand an schwierigen Tagen,
und für deine Hilfe in allen Belangen,
sage ich ich dir meinen Dank,
an deinem heutigen Vatertag!

Zu Deinem Vatertage

Ich wünsch dir zu deinem Vatertage
Stunden, die dich glücklich machen.
Eine Zeit ganz ohne Sorg' und Klage,
sollst du nur fröhlich sein und lachen.

Ich wünsch dir eine schöne Zeit,
in der die Welt in hellem Licht erscheint.
Die dir die Wärme und die Liebe zeigt,
die uns beide schon so viele Jahre eint.

Ich wünsch dir eine ruhige Zeit,
in der die Träume sich zur Wirklichkeit gestalten,
Zeit, die dir den Mut und die Kraft verleiht,
die Zufriedenheit und das Glück zu halten.

Ich wünsch dir eine wunderbare Zeit,
in der du das Schöne sehend, das Seltene verstehst.
In der auch Erfahrung dir die Gelassenheit verleiht,
wissend, dass du nicht allein durchs Leben gehst!

Die Weihnachtsgeschichte

Es war in einer kalten Dezembernacht;
die Schneeflocken fielen vom Himmel sacht.
Nur ein großer Stern war zu sehen
und Gott befahl diesem nach Bethlehem zu gehen.
Denn dort war im Stall ein Kind geboren,
dass Gott als seinen Sohn hatte auserkoren.

Viele Menschen sahen in der Ferne den Stern,
sie fühlten seinen Auftrag und folgten ihm gern.
Und als sie in Bethlehem zum Stalle kamen
und Maria dort mit dem holden Kinde sahen,
da schauten sie wieder empor zu dem Stern
und erkannten im Jesuskind ihren Herrn.

Auch drei Könige kamen nach Bethlehem,
um den Sohn ihres Gottes zu seh'n.
Sie knieten vor dem Kinde nieder,
legten ihre Gaben hin und sangen Lieder.
Seither ist diese heilige Zeit,
in jedem Jahr dem Kinde geweiht.

Alle Christen denken dann nur an den einen,
der geboren wurde, um einst für sie zu leiden.
Der sich für sie ans Kreuz ließ schlagen
und dessen Namen sie stets im Herzen tragen.
Tausend Kerzen werden von ihnen entfacht,
und der ganzen Welt wünschen sie
„Eine frohe Weihnacht".

(Dezember 1980)

Die Weihnachtszeit

Einmal im Jahr, zur kalten Winterzeit,
wenn die Welt um uns so ganz verschneit,
wenn die Flüsse und Seen vereisen,
eine Nacht sich als die schönste wird erweisen.
Glocken werden dann erklingen
und vom Himmel Engelschöre singen.

Und am dunkelgrünen Waldesrand
wird, wie von unsichtbarer Hand,
die Kerzen einer Tanne gezündet,
und uns hiermit dann verkündet,
dass diese Nacht ist geweiht,
dem Frieden und der Weihnachtszeit.

(Dezember 1981)

Weihnachten zu Haus

Unter deinen Schritten knirscht der Schnee,
dein Weg führt entlang dem vereisten See.
Er führt vorbei am Waldesrand
und sanfte Stille umgibt das weiße Land.

Noch um die nächste Wegesbiegung herum
und es ergreift dich alte Erinnerung.
Vor dir liegt nun dein Heimatort,
allein dein Herz gingen niemals von hier fort.

In der Stadt siehst du schon die Lichter brennen
und am Marktplatz kannst du die Kirche erkennen.
Aus der Ferne hörst du ihr Glockengeläut
und du weißt, dass man sich zu Haus auf die freut.

Schnell läufst du durch die Gassen und Straßen,
denn daheim werden sie schon auf dich warten.
Bald stehst du vor dem Elternhaus,
Kerzenlicht scheint aus jedem Fenster raus.

Die Tür geht auf, du stehst im Raum,
vor dir erstrahlt ein prachtvoller Weihnachtsbaum.
Nun kannst du sie endlich alle in die Arme schließen,
und die kommende Zeit mir ihnen genießen.

Nun umgibt dich Glück und Zufriedenheit,
denn du bist zu Haus zur Weihnachtszeit!

(Dezember 1993)

Die Botschaft des Himmels

Die letzte Jahreszeit beginnt.
Kalt weht durch das Land der Wind.
Die klare Nacht, sie bricht herein;
am Horizont ein heller Sternenschein.
Er schimmert nieder zu der Menschen Welt;
und jeder fühlt, wie er ihrem Herzen Fragen stellt:

Seid ihr nicht alle Kinder dieser Erde;
alle Menschen und auch jede Tieresherde?
Ist es nicht gleich, ob ihr schwarz seid oder weiß?
Ob ihr noch jung seid oder schon Greis?
Ist's nicht egal, in welchem Land ihr lebt?
Von welchem Boden ihr die Früchte nehmt?

Ist es wichtig, wie ihr eure Religion benennt?
Wo ihr doch alle nur den ‚Einen' kennt!
Ob ihr ihn als Herrgott, Allah oder Buddha ruft,
es ist der derselbe, der euch und andere schuf!
Und wenn ein anderer eine fremde Sprache spricht,
mit einem frohen Lachen doch alles Eis zerbricht!
Vorallem wertlos ist, ob ihr arm seid oder reich,
denn die Zeichen der Zeit sind bei allen gleich!

So seid euch heute alle zugewandt!
Und reicht euch endlich eure Hand.
Blickt nach vorn und nicht zurück.
Schenkt euch Liebe, schenkt euch Glück.
Vereint seien Friede, Freundschaft, Herzlichkeit!
Dies ist die Botschaft des Himmels in Ewigkeit!

(Dezember 1994)

Die alte Tanne

Es steht so groß und mächtig am Wegesrand
die alte Tanne in ihrem grünen Gewand.
Das Jahr sich bald zum Ende neigt
und im Gedanken sich nun die Vergangenheit zeigt.
Doch nicht nur Freude war's in letzter Zeit,
auch manche Stunde der Traurigkeit.
Du verweilst und schaust empor zu ihr
und hörst im Wind, wie sie leis' spricht zu dir:

Was stehst du da und siehst mich seltsam fragend an?
Zieht dich der kalte Winter so hart in seinen Bann?
Oder hatte dein Herz in vergangener letzter Zeit,
gehabt soviel Kummer, Schmerz und Traurigkeit?

Ich bin schon alt und kann dir aus Erfahrung sagen,
auf alle deine tausend bangen Fragen,
auf deine vielen Tränen und dein vergangenes Leid
gibt Trost und Antwort dir mein Weihnachtskleid.

Grün ist meine beständig bleibende Farbe.
Sie bedeutet die Hoffnung, das Leben und sie hat die Gabe,
dein Gefühl und deine Gedanken
mit sanfter Stimmung zu umfangen.
Sodass sich Ruhe auf all' deine Sinne erstreckt,
sie deinen Blick für die wesentlichen Dinge weckt.

Große **Weihnachtskugeln** schmücken meine Zweige,
doch keiner von ihnen sich zur Erde neige.
Denn wisse, was zunächst erscheint so schwer,
glänzt doch bald in bunten Farben einher.

Die **Eiszapfen**, so kalt, so hart, so spitz offenbar,
wie Kristall so glitzernd und so klar.
Sie spiegeln deine Welt um dich,
zeigen dir den Feind und auch den Freund im wahren Licht.

Die **roten Äpfel**, die ich gerne trage,
sind Antwort auf manche Lebensfrage.
Denn rot ist die Farbe der Liebe
und letztlich sind es immer deren Triebe,
die deinem und auch anderem Leben
in Zuneigung einen Sinn und Zukunft geben.

Die **Wachskerzen** sind mein strahlend helles Licht,
sie zeigen dir, dass auch Dunkelheit schnell bricht,
wenn du eigene Wärme anderen Menschen gibst
und die Freude in ihrem Inneren liest.

Und hoch auf meiner Spitze steht ein **goldener Stern**.
Ihn zu erreichen heißt, du musst noch viel lern'n.
Willst du erlangen, was in der weiten Ferne hell erscheint,
brauchst du einen Menschen, der sich mit dir vereint.
Mit ihm kannst du das Schöne in der Welt anstreben,
mit ihm wirst du auch Glück und Zufriedenheit erleben!

(Dezember 1995)

Der Christstollen

Es war einmal zur Weihnachtszeit
in einem Küchenschrank Beredsamkeit.

Das **Mehl** langweilte sich schon seit Tagen
und löcherte den **Zucker** mit tausend Fragen:
„Sag', warum fangen wir nicht endlich an?"
„Mein Gott, es fehlt doch noch das Marzipan!"
„Sind denn schon Rosinen da und auch das Zitronat?"
„Ich versichere dir, die stehen schon seit Wochen parat!"

Die **Milch** war schon ganz quirlig aufgeregt
und die vier **Eier** hatten sich in eine Reihe legt:
„Wir können jetzt nicht mehr länger warten,
sonst wird der Ofen benutzt für den Weihnachtsbraten!"
„Außerdem", so sprach die Milch, „darf ich nicht lange steh'n
und auch die Eier könnten bald vergeh'n!"

Das **Zironat** wandte sich nun ungläubig an die **Mandeln**:
„Sagt mal, die **Hefe** soll den Teig auf's Doppelte wandeln?"
„Richtig, so hat man es eben uns gesagt,
wir hatten auch schon die **Rosinen** danach gefragt."

Da fiel ein Lichtschein in den dunklen Küchenschrein
und das **Marzipan** schob eine große Schüssel herein.
„Na, endlich", rief alles, „da bist du ja!"
„Mensch Kinder, macht nicht so viel Lärm und ‚Tara'!
Denn wenn ihr mich nicht hättet,
wüsstet ihr nicht mal, wie man ein Backblech fettet!"

Die Schüssel war schnell in die Mitte getragen.
Mit einem Sprung hinein tat es das Mehl als erstes wagen.
Gefolgt von der nervös beunruhigten Milch
rief diese: „Aber ohne Eier und Hefe geht es nicht!"

Der Zucker kam langsam rieselnd hinterher,
doch die ängstlichen Rosinen wollten auf einmal nicht mehr!
Das Marzipan wurde deswegen ärgerlich:
„Jedes Zitronat nimmt jetzt eine Rosine zu sich!
Dann springt ihr Hand in Hand hinein
und die Mandeln obendrein!"

Geknetet war nun schnell der süße Teig,
mit Gekicher und viel Fröhlichkeit.
Zum Backofen schob die Schüssel dann das Marzipan.
und rasch war der Teig auf das gefettete Blech getan.
„Nun seid mal still und haltet Ruh'!",
sprach das Marzipan und kroch dann auch hinzu.

Ach, wie das duftet, wie das schön riecht!
Wie das glänzt im warmen Ofenlicht!
- Nach einer Stunde war es dann vollbracht,
und es lag da in ganzer Pracht!
Es war, was alle schon immer sein wollten,
ein wunderschöner, süßer Christstollen!

(Dezember 1997)

Das Wunder der Weihnachtszeit

In der tiefen Winternacht
schwebt so sanft der Tannenduft
und ein kleines Lied erwacht,
schaukelt durch die klare Luft.

Friedlich ruht nun die Natur,
Winde flüstern leis' im Wald.
Keiner schaut mehr auf die Uhr,
und von fern die Glocke hallt.

Weiße Flocken wirbeln schnell,
fröhlich tanzend ihren Reigen
und der Mond, er leuchtet hell,
lässt die Welt in Stille schweigen.

Eiskristalle werfen glitzernd Funken
von dem warmen Kerzenschein
und in den allerschönsten Stunden
erblüht ein Weihnachtsstern.

Und blüht er rot, in dieser Nacht,
bringt er uns Liebe und Geborgenheit.
Und blüht er weiß, so ist's vollbracht
der Seele Ruh' und Friedlichkeit.

(Dezember 2000)

Die Weihnachtsgabe

Es naht am Jahresend' das Christenfest,
wo man den Lieben gern was schenkt,
wo man sein Geld im Kaufhaus lässt
und jeder nur an fremde Wünsche denkt.

Heut' das Richtige zu finden,
für das das Geld dann auch noch reicht,
das Geschenk recht hübsch zu binden,
das ist nicht immer leicht.

Doch ist es wirklich diese Weihnachtsgabe,
die uns so glücklich alle macht?
Ist es im Gedenken an vergangene Tage
das, was heute Freude bracht'?

Wie viel ist im vergangenen Jahr geschehen,
das uns in Sorg' und Leid versetzte!
Wie viel Hass haben du und ich gesehen,
der uns Trauer brachte und große Ängste!

Zu unseren Wünschen gesellen sich nun Gedanken;
was ist wesentlich in unserem Leben?
Was ist wichtig in diesen schwierigen Tagen?
Was hat die Menschheit sich selbst zu geben?

Wichtiger als jede schöne Weihnachtsgab'
ist die Liebe und der Wärme Licht,
denn das Jahr kennt seinen allerletzten Tag,
doch man selbst kennt seinen nicht!

(Dezember 2001)

Die Schlittenfahrt

Schon zur frühen Tagesstund',
da geht es an unserem Kirchberg rund.
Da rodeln die Kinder den Abhang hernieder,
den Hügel rauf und runter, immer wieder.
Mit lautem Lachen und viel Geschrei,
denn jeder hofft, dass er selbst der erste sei!

Bei der Tanne kommt jeder nur langsam vom Fleck,
doch am Friedhofstor geht's rasant ums Eck!
Auf einer Kufe spritzt der Schnee so weiß,
die Rutschbahn erscheint so glatt wie Eis.
Und die, die wieder den Kirchberg rauflaufen,
von denen werden sie mit Schneebällen beworfen.

Sie fahren allein, und zu zweit und zu dritt,
auf dem Bauch liegend und sitzend zu viert.
Bald unten fährt der Schlitten dann aus,
und endet nun vor des Bäckers Haus.
Längst schon sind Händ' und Füße kalt,
doch für die Kinder gibt es kein ‚Halt'.

Und so rodeln sie immer weiter fort,
bis der Mond erscheint über dem Ort.
Und wenn dann alle spät nach Hause gehen,
ruft man sich zu: „Morgen gibt's ein Wiedersehen!"

(Dezember 2004)

Nikolaus

Wer fliegt am Nachthimmel so geschwind
mit dem Schlitten im eisigen Wind,
ein Achtergespann ihm voraus,
zum Dach von deinem Haus?

Ganz rot sind Mütze und Mantel,
im Sack bunte Päckchen und Schachteln.
Hält oben am Schornstein, klipp – klapp,
und wirft dir ein Päckchen herab.

Lacht freudig und blinzelt dir zu
und weiter geht die Fahrt im Nu!
Aus der Ferne schallt's durch die Nacht:
Nikolaus hat was vorbeigebracht!

(Dezember 2018)

Der Weihnachtsbaum

Du musst nicht lange suchen,
im Wald stehen nicht nur Buchen.
Eins, zwei, drei ist er geschlagen
und auch bald ins Haus getragen.

Stell' ihn einfach senkrecht hin,
Herumrangieren hat hier keinen Sinn.
Hänge die Kugeln in die Äste,
damit er glänzt zum Weihnachtsfeste.

Auf die Tannenspitze nun den Stern,
auch Lametta hat man immer gern.
Ein paar Kerzen nicht vergessen!
Deren Abstand brauchst du nicht zu messen.

Singe froh ein Lied mit Weihnachtsklang,
und hol' die Zündhölzchen vom Schrank.
Brennen dann die Kerzenlichter hell,
sag' doch selbst - das ging jetzt schnell!

(Dezember 2019)

Gedichte sind

leise Worte im Wind

Anhang

Bereits in der Burgenreihe erschienen

Die Romane sind inhaltlich voneinander unabhängig und erzählen jeweils eine wahre Begebenheit aus der Geschichte einer Burg.

Der erste Band der Burgenreihe hat den Titel
'Te Deum – Historischer Roman Anno Domini 1292 um die Burg Teck'.
Die Burg Teck liegt in Baden-Württemberg bei Kirchheim Teck in der Nähe von Stuttgart.

Der Roman handelt von der Königswahl im Jahre 1292 und hält sich nach umfangreicher Recherche weitgehend an die historische Wahrheit. Nach dem Ableben König Rudolfs I. von Habsburg besteht Uneinigkeit über dessen Thronnachfolge. Es stehen nur zwei Kandidaten zur Auswahl, doch beide sind den sieben zur Königswahl berechtigten Kurfürsten nicht genehm. In dieser schwierigen, von Intrigen begleiteten Situation wird Herzog Konrad II. von Teck, von seinem Freund Gerhard I., Herr von Greifenstein um Unterstützung für die Wahl des Herzogs Albrecht I. von Habsburg gebeten. Doch auf dem Weg zur Königswahl nach Frankfurt, bei dem sie von der geheimnisvollen Christina Landsberg (einer Magd Konrads) begleitet werden, ereignet sich ein schreckliches Unglück.

Te Deum:

Taschenbuch ISBN: 978-3-7412-4986-0

E-Book   ISBN: 978-3-7995-0660-1

Der zweite Band der Burgenreihe hat den Titel
'Der Löwe von Berg - Historischer Roman Anno Domini 1288 um die Worringer Schlacht'.
Die Burg Berg wird heute Schloss Burg genannt und liegt in Solingen.

Anno Domini 1288: Als die junge Herzogin Irmgard von Limburg im Jahre 1283 kinderlos verstirbt, entsteht ein Streit über die Erbfolge ihres Herzogtums. Von den zunächst neun Erbanspruchstellern verbleiben jedoch in den nachfolgenden Jahren nur zwei Kandidaten, deren Anspruch berechtigt sein könnte. Dies ist zum einen ihr Witwer, Graf Reinald I. von Geldern, dem die Erbfolge trotz des entgegenstehenden Erbrechts durch König Rudolf I. zugesichert wurde und zum anderen ihr Cousin, Graf Adolf V. von Berg, dem als einziger männlicher Verwandter ein Erbanspruch in Anlehnung am bestehenden Erbrecht tatsächlich zusteht. Doch die Kriege, die in der Folgezeit zwischen ihnen und ihren jeweiligen Verbündeten entstehen, können das Problem nicht lösen und beide müssen erkennen, dass sie auf Grund der räumlichen Distanz ihrer Grafschaften zum umstrittenen Herzogtum nicht in der Lage sind, ihre Besitzrechte dauerhaft durchzusetzen. Erschwerend kommt für Adolf von Berg noch hinzu, dass seine hübsche Gemahlin, die Gräfin Elisabeth von Berg, mit der er eine äußerst schwierige Ehe führt, die Schwester von Graf Reinald von Geldern ist und in diesem Erbfolgestreit nicht zu ihm, sondern zu ihrem Bruder hält.
In dieser Situation entschließt sich Adolf von Berg im Jahr 1288 seine kaum realisierbaren Erbansprüche an den kampfstarken Herzog Johann I. von Brabant abzutreten. Als Elisabeth davon erfährt, kommt sie ihrem Bruder zu Hilfe und schlägt ihm ein Bündnis mit dem mächtigen Kölner Erzbischof Siegfried von Westerburg vor, in dessen Folge die Situation völlig entgleitet und eskaliert...

Der Löwe von Berg:

Taschenbuch ISBN: 978-3-7431-3581-9

Bereits erschienene Artenberg-Triologie

Vor der begonnenen 'Burgenreihe' erschien bereits die Artenberg-Triologie mit den historischen Romanen 'Der Leitwolf', 'Der rote Milan' und 'Die Grenzlandgräfin' im WELTBILD-Verlag.

Die Romane spielen in den Jahren 1508 (Der Leitwolf), 1510 (Der rote Milan) und 1512 (Die Grenzlandgräfin) im damaligen Deutschen Reich sowie in England und Frankreich und beziehen historische Personen und deren Handlungen mit ein (Kaiser Maximilian I., König Heinrich VIII. von England und Jakob Fugger).

'Der Leitwolf' behandelt die zu jener Zeit bestehende politisch schwierige Situation zwischen Frankreich und dem Deutschen Reich und spielt überwiegend in einer belagerten französischen Burg.

'Der rote Milan' beginnt in dem früheren Reichstagsort Köln. Die machtpolitischen Ereignisse zwischen England und dem Deutschen Reich führen zu einer beinahe aussichtslosen Lage des nach England gesandten Vasallen Maximilians I.

'Die Grenzlandgräfin' beginnt im März 1512 in Trier, wo zu dieser Zeit der Reichstag stattfand. Mit Zustimmung des Kaisers hat die Gräfin von Artenberg die Burg Rabenfels als Lehen übernehmen dürfen. Hierdurch ergeben sich politische Schwierigkeiten, denen sie nur mit Hilfe eines Söldners entgegentreten kann.

E-Book 'Der Leitwolf'   ISBN 978-3-9556-9646-7

E-Book 'Der rote Milan'   ISBN 978-3-9556-9647-4

E-Book 'Die Grenzlandgräfin'   ISBN 978-3-9556-9648-1

E-Book 'Die Artenberg-Triologie'   ISBN 978-3-9556-96498